국어 교과서
따라쓰기
1-1

스쿨존에듀
SCHOOLZONE

공부습관 잡기, 교과서와 친해지자!

초등학교 저학년 때는 공부습관을 만드는 게 필요합니다. 먼저 엉덩이를 의자에 붙이고 바르게 앉는 법부터 배웁니다. 짧은 시간이어도 괜찮습니다. 집중해서 쓰고 읽고 생각하는 시간을 매일 일정하게 갖게 하세요. 특히 유아 때부터 스마트폰에 익숙하여 손힘이 약한 요즘 어린이들에겐 써보는 연습이 필요합니다. 쓰기 위해서는 책상 앞에 앉아야 하니 공부하는 습관도 길러지겠지요.

초등학교 저학년에서 쓰기를 연습하는 데 국어 교과서는 참 좋은 교재랍니다. 듣기, 말하기, 읽기, 쓰기, 문법, 작품감상까지 망라돼 있습니다. 얇은 교과서 안에 그 많은 게 다 들어가 있나 싶겠지만 영역별로 골고루 배울 수 있게 돼 있습니다. 해당 학년에서 꼭 알아야 할 성취 기준에 맞춰 집필되었으니까요.

이 책은 2024년부터 시행된 개정 교육과정에 따른 국어 1-1(가·나), 국어활동 교과서를 충분히 소화할 수 있게 만들었습니다. 먼저 큰 소리로 읽고 한 자 한 자 또박또박 쓸 수 있게 지도해 주세요. 손힘도 키우고, 글자도 익히고, 낱말도 배우고, 문장도 익혀 글을 읽는 재미를 한층 더 느끼게 해줍니다.

책의 구성

먼저, 연필 바로 잡는 법, 책상에 바르게 앉는 법, 자음·모음을 배우고, 글자 쓰기를 배웁니다. 그다음, 교과서 각 단원에 나오는 꼭 알아야 할 낱말(명사, 동사, 의성어, 의태어 등)과 맞춤법, 문장(그림 동화, 동시 등)을 따라 써볼 수 있게 하였습니다. 사이사이 재밌게 놀며 배우는 놀이터도 있습니다. 순서에 따라 한 자 한 자 힘 있게 써 나가다 보면 인내심과 집중력이 생기고 예쁜 글씨체까지 만들어진답니다. <국어 교과서 따라쓰기>를 마스터하여 학교생활을 더 자신 있게 할 수 있게 도와주세요!

컨텐츠연구소 수(秀)

차례

글씨를 쓸 때 바른 자세에 대해 알아봅시다

고개를 조금만
숙입니다.

허리를 곧게
폅니다.

글씨를 쓰지 않는
손으로 공책을
살짝 눌러 줍니다.

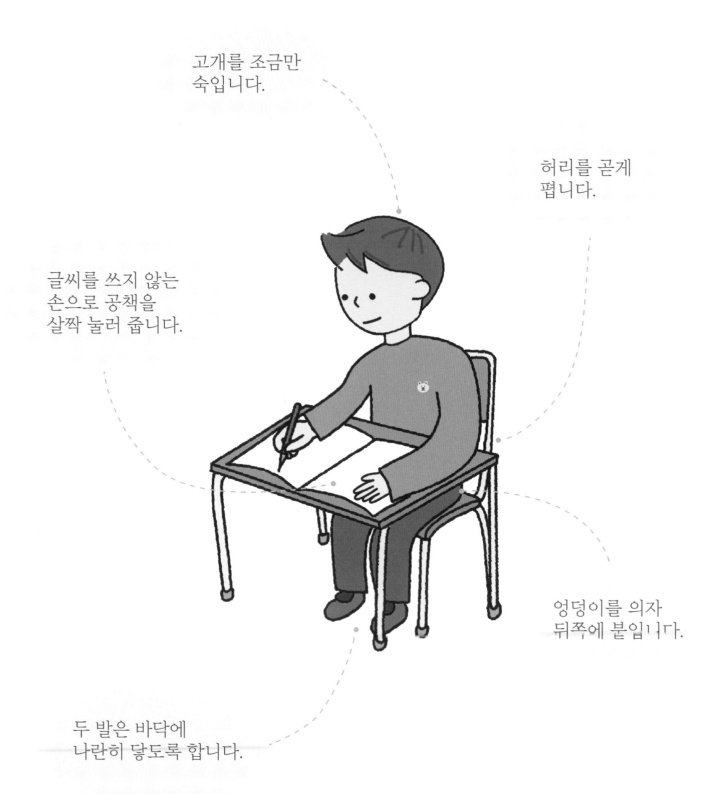

엉덩이를 의자
뒤쪽에 붙입니다.

두 발은 바닥에
나란히 닿도록 합니다.

나쁜 자세는 안돼요

▶ 의자 끝에 엉덩이를 걸치는 친구들 있지요?
반쯤 감긴 눈 엉거주춤한 자세는 바른 글쓰기의
적이랍니다.

▲ 턱을 괴면 잠이 쏟아진답니다.
여기에 다리까지 흔들면 글씨도
따라서 춤을 추겠지요?

▲ 와우~ 다리를 꼬셨네요!
다리를 꼬지 마세요.
온 신경이 발끝에 쏠리는 것 같아요.

연필을 바르게 잡아봅시다

엄지손가락과 집게손가락의 모양을 둥글게
하여 연필을 잡습니다.

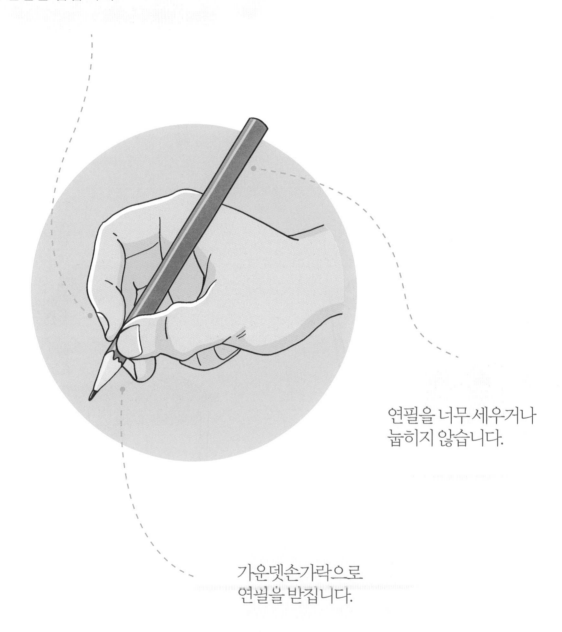

연필을 너무 세우거나
눕히지 않습니다.

가운뎃손가락으로
연필을 받칩니다.

습관이 잘못 들면 고치기 힘들어요!

이렇게 쥐면 손가락이 아파요.
글씨를 오랫동안 쓰지 못하게 돼요.

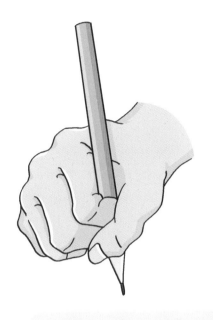

주먹을 불끈 쥐었네요.
몇 자 쓰지 않아 연필이
부러질 것 같아요.

손가락 사이가 너무 벌어졌어요.
연필이 흘러내릴 것 같아요.
당연히 글씨에 힘이 없겠죠?

 순서에 맞게 자음을 따라 써 보세요.

기역	니은	디귿	리을	미음	비읍	시옷
ㄱ	ㄴ	ㄷ	ㄹ	ㅁ	ㅂ	ㅅ
ㄱ	ㄴ	ㄷ	ㄹ	ㅁ	ㅂ	ㅅ

순서에 맞게 자음을 따라 써 보세요.

이응	지읒	치읓	키읔	티읕	피읖	히읗
ㅇ	ㅈ	ㅊ	ㅋ	ㅌ	ㅍ	ㅎ
ㅇ	ㅈ	ㅊ	ㅋ	ㅌ	ㅍ	ㅎ

모음을 바르게 써 보세요

 순서에 맞게 모음을 따라 써 보세요.

아	야	어	여	오
ㅏ	ㅑ	ㅓ	ㅕ	ㅗ
ㅏ	ㅑ	ㅓ	ㅕ	ㅗ

순서에 맞게 모음을 따라 써 보세요.

요　우　유　으　이

ㅛ　ㅜ　ㅠ　ㅡ　ㅣ

ㅛ　ㅜ　ㅠ　ㅡ　ㅣ

	ㅏ	ㅑ	ㅓ	ㅕ	ㅗ	ㅛ	ㅜ	ㅠ	ㅡ	ㅣ
ㄱ										
ㄴ										
ㄷ										
ㄹ										
ㅁ										
ㅂ										
ㅅ										
ㅇ										
ㅈ										
ㅊ										
ㅋ										
ㅌ										
ㅍ										
ㅎ										

ㅏ ㅑ ㅓ ㅕ ㅗ ㅛ ㅜ ㅠ ㅡ ㅣ

ㄱ
ㄴ
ㄷ
ㄹ
ㅁ
ㅂ
ㅅ
ㅇ
ㅈ
ㅊ
ㅋ
ㅌ
ㅍ
ㅎ

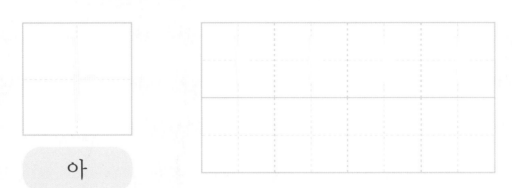

아

 ㅏ 가 들어간 글자입니다. 그림을 보고 연결하세요.

사자

바지

아기

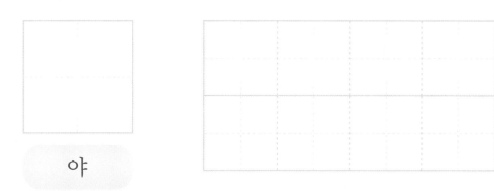

야

 ㅑ 가 들어간 글자입니다. 그림을 보고 연결하세요.

야구   이야기   야외

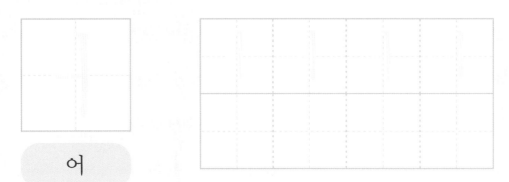

어

 ㅓ가 들어간 글자입니다. 그림을 보고 연결하세요.

머리

거미

어머니

여

 ㅕ가 들어간 글자입니다. 그림을 보고 연결하세요.

여우

벼

여름

오

 ㅗ가 들어간 글자입니다. 그림을 보고 연결하세요.

미소

고래

피아노

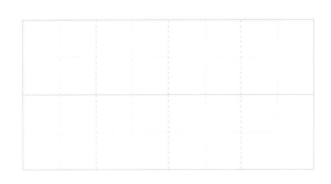

요

 ㅛ가 들어간 글자입니다. 그림을 보고 연결하세요.

•

•

•

•

•

•

학교

요리

교실

우

 ㅜ가 들어간 글자입니다. 그림을 보고 연결하세요.

우주

구슬

개구리

20

유

 ㅠ가 들어간 글자입니다. 그림을 보고 연결하세요.

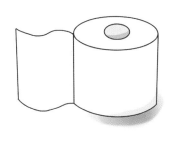

유리병   우유   휴지

으

 ㅡ가 들어간 글자입니다. 그림을 보고 연결하세요.

그림

흐림

버스

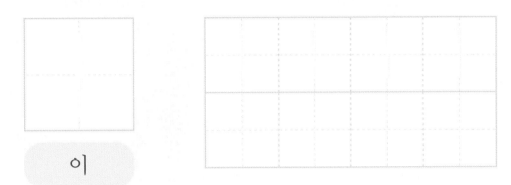

이

 ㅣ가 들어간 글자입니다. 그림을 보고 연결하세요.

이   비누   나비

 같은 자음자를 찾고 따라 써 보세요.

가위		기린

가지		고추

기역

가	위

고	추

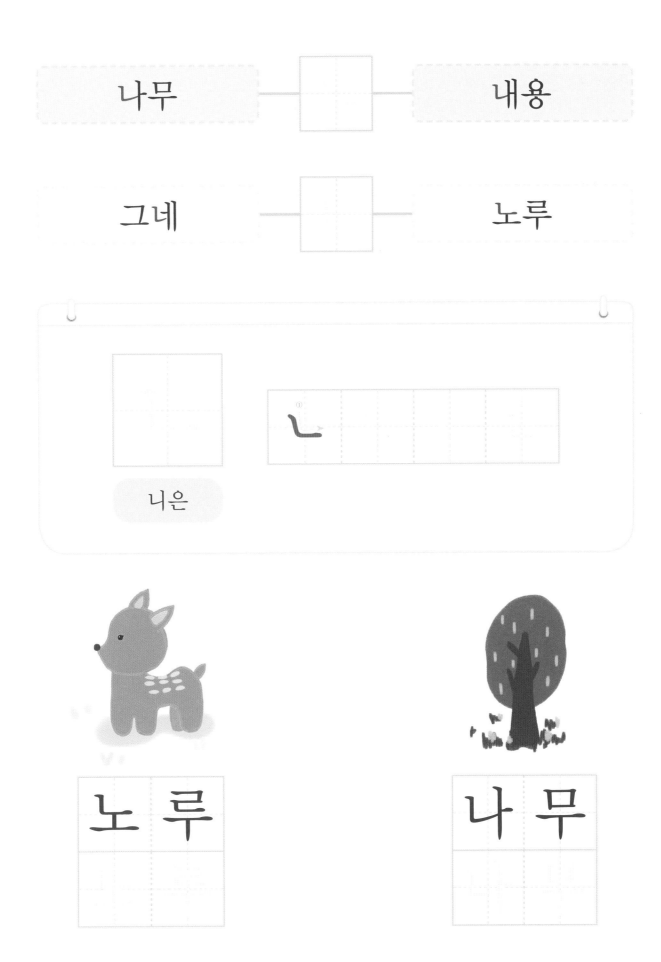

나무   내용

그네   노루

니은

노 루

나 무

 같은 자음자를 찾고 따라 써 보세요.

도장		돈

다리		바다

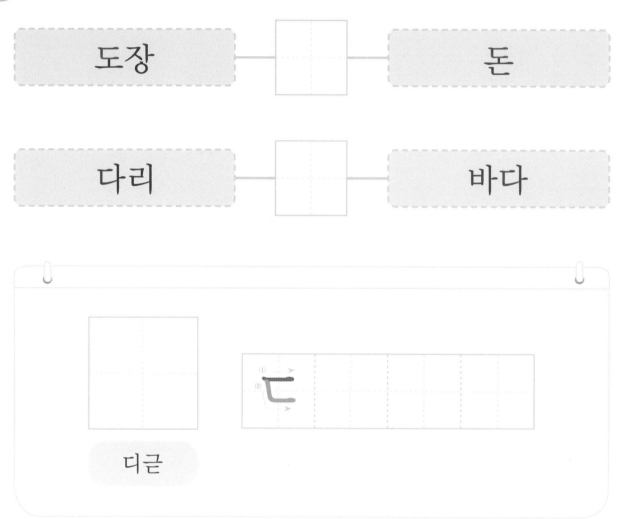

디귿

도 장

돈

리본   머리

라면   소라

리을

라면

리본

 같은 자음자를 찾고 따라 써 보세요.

마음 □ 마스크

이마 □ 고무

미음

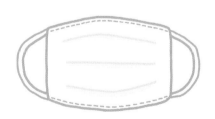

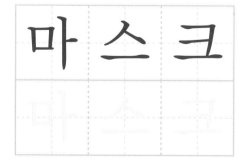
마스크

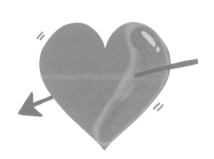

마음

28

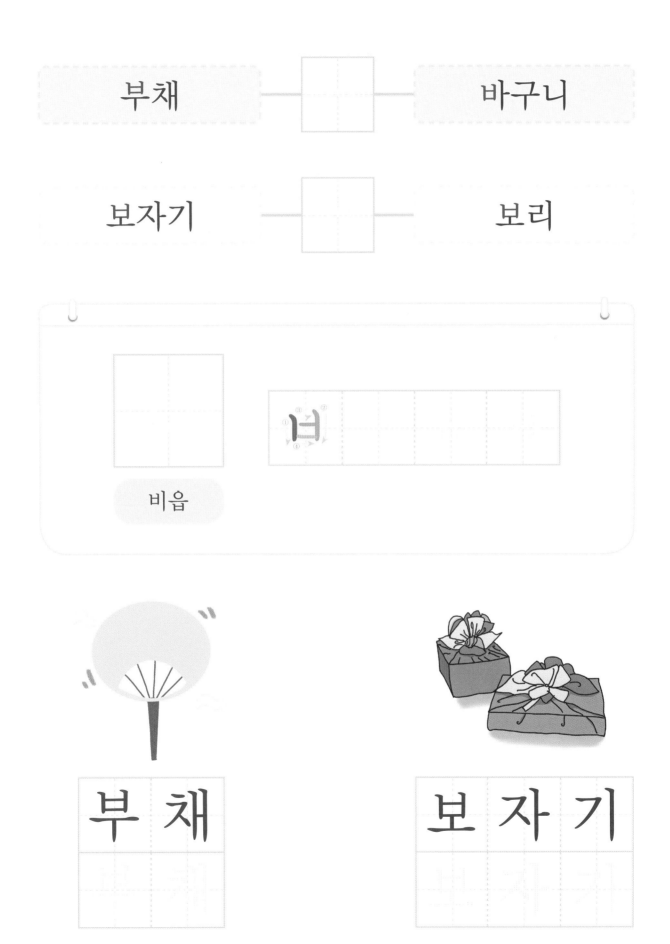

부채   바구니

보자기   보리

비읍

부채

보자기

 같은 자음자를 찾고 따라 써 보세요.

소 □ 시계

시소 □ 수저

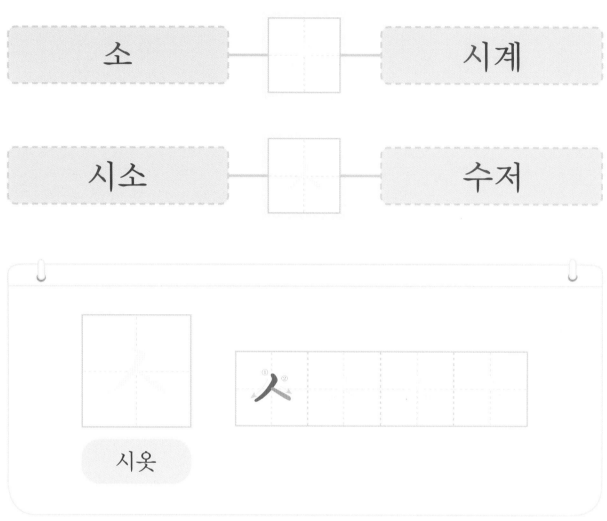

시옷

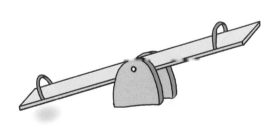

시 소

수 저

3

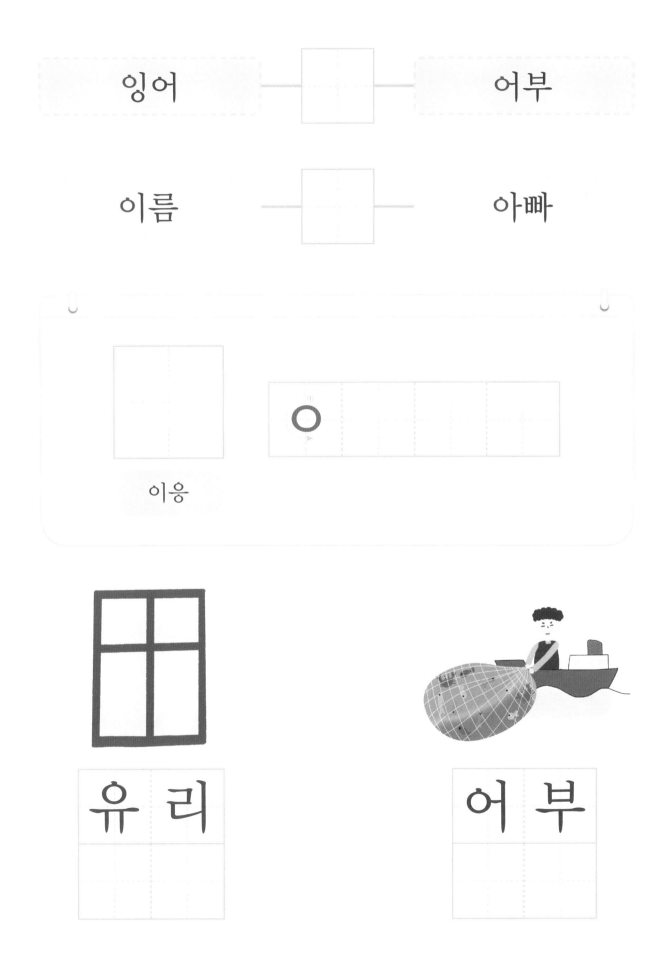

잉어 ── 어부

이름 ── 아빠

이응

ㅇ

유리

어부

 같은 자음자를 찾고 따라 써 보세요.

저고리   주소

자두   부자

ㅈ

지읒

자 두

주 소

치과   —☐—   초대

배추   —☐—   기차

치읓

ㅊ

배 추

기 차

자음 ㅋ, ㅌ이 들어간 글자를 공부합시다

 같은 자음자를 찾고 따라 써 보세요.

부엌 ☐ 카레

바퀴 ☐ 퀴즈

키읔

ㅋ

카 레

퀴 즈

놀이터   ☐   티라노사우루스

타조   ☐   도토리

ㅌ

티읕

토 끼

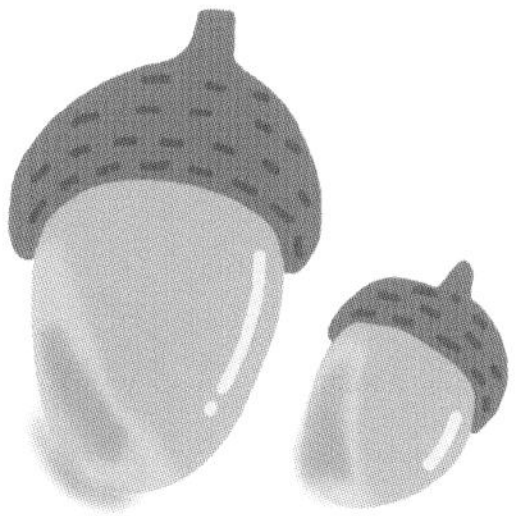

도 토 리

자음 ㅍ, ㅎ이 들어간 글자를 공부합시다

같은 자음자를 찾고 따라 써 보세요.

피자 ☐ 파자마

표범 ☐ 대파

피읖

파 자 마

피 자

37

호박

호랑이

호수

허리

히읗

호박

호랑이

 순서에 맞게 쌍자음을 따라 써 보세요.

쌍기역	쌍디귿	쌍비읍	쌍시옷	쌍지읒
ㄲ	ㄸ	ㅃ	ㅆ	ㅉ

ㄲ ㄸ ㅃ ㅆ ㅉ

ㅏ ㅑ ㅓ ㅕ ㅗ ㅛ ㅜ ㅠ ㅡ ㅣ

ㄲ

ㄸ

ㅃ

ㅆ

ㅉ

ㄲ, ㄸ, ㅃ, ㅆ, ㅉ이 들어간 낱말을 써 보세요

 그림에 맞는 낱말을 찾아 이어보세요.

·　　　　　·　　　　　·

·　　　　　·　　　　　·

| 까치 | 또래 | 딸기 |

 쌍자음이 들어간 글자를 따라 써 보세요.

꿩　따르릉　빨강

40

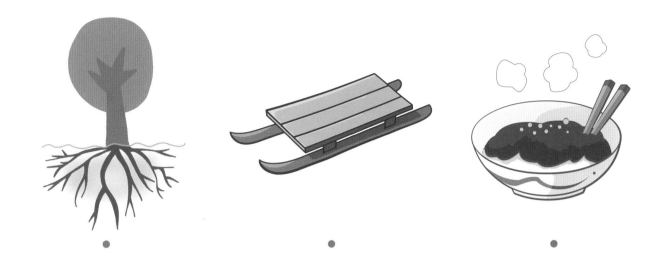

뿌리

썰매

짜장면

| 뿔 | 씨 | 름 | 짬 | 뽕 |

ㅐ ·   · 에

ㅔ ·   · 외

ㅚ ·   · 애

ㅙ ·   · 왜

ㅒ ·   · 얘

ㅖ ·   · 예

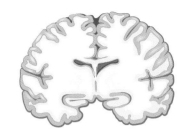

새

게

뇌

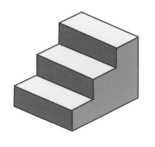

돼 지

애 기

계 단

겹모음과 그 이름을 선으로 이어 봅시다

ㅟ ·

ㅖ ·

ㅘ ·

ㅝ ·

ㅢ ·

· 와

· 위

· 웨

· 의

· 워

주 사 위

꿰 다

사 과

태 권 도

의 자

 바르게 잡은 연필모양은 어느 것일까요?

 바른 자세로 앉은 모습은 어느 쪽일까요?

 글자의 짜임을 생각하며 따라 써 보세요.

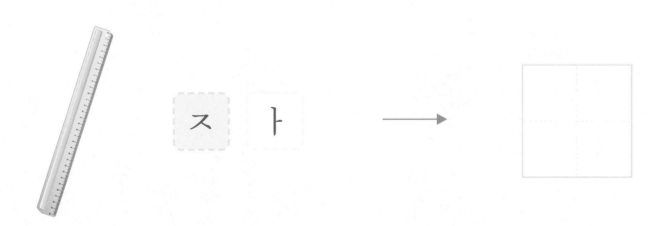

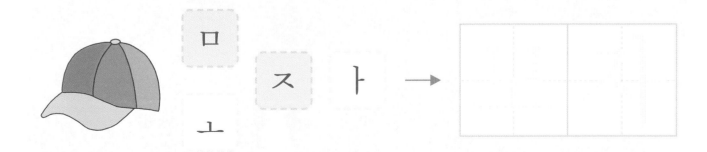

7

 글자에 맞는 그림을 연결해 보세요.

허리

가지

바나나

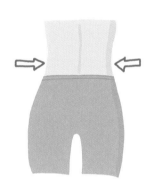

 모음이 오른쪽에 있는 글자를 따라 써 보세요.

허	리	가	지	바	나	나

포도   코   코스모스

·   ·   ·

·   ·   ·

   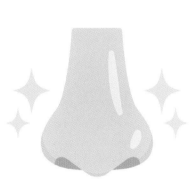   

 모음이 아래쪽에 있는 글자를 따라 써 보세요.

포 도   코   코 스 모 스

 글자에 맞는 그림을 연결해 보세요.

시계   이사   바다
·   ·   ·

·   ·   ·

 자음이 왼쪽에 있는 글자를 따라 써 보세요.

시	계	이	사	바	다

구두

무

두부

 자음이 위쪽에 있는 글자를 따라 써 보세요.

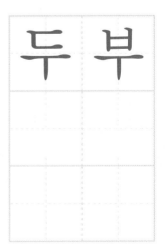

 받침이 없는 낱말을 따라 써 보세요.

새 우

모 과

오 이

호 수

바 위

매 미

바 구 니

키 위

배

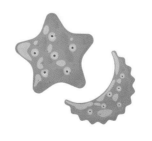

회 오 리

과 자

타 조

 공룡의 색과 같은 알을 찾아 선으로 이어 보세요.

 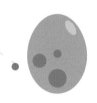

 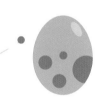

글자의 짜임을 생각하며 따라 써 보세요.

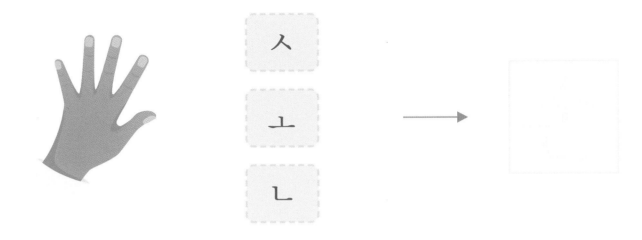

ㅅ
ㅗ
ㄴ

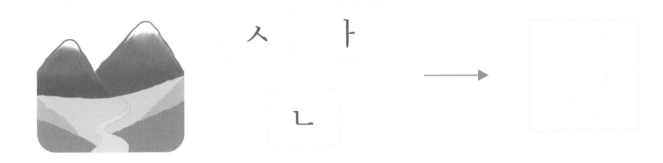

ㅅ　ㅏ
ㄴ

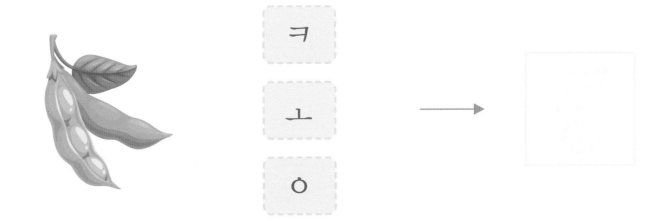

ㅋ
ㅗ
ㅇ

 글자의 짜임을 생각하며 따라 써 보세요.

→

ㅁ
ㅜ
ㄴ

→

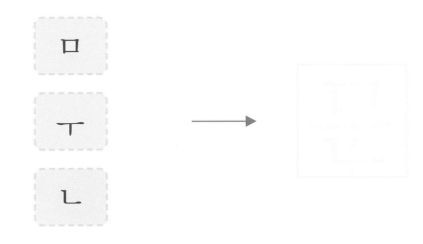

ㅂ ㅕ

ㄹ

→

 받침이 있는 글자를 따라 써 보세요.

떡

쌀

디귿

길

감

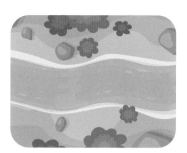

강

빗 　 밤 　 낮

꽃 　 팥죽 　 숲

 받침이 있는 글자를 따라 써 보세요.

곶 감 낮 잠 솥 윷

냉 면 꿈 달 공

몸통 못물 말 벽

양말 김밥 발 눈

 그림과 글자를 선으로 이어 보세요.

 •

• ☐☐☐

 •

 •

 •

•

 •

6

 소리를 나타내는 낱말을 따라 써 보세요.

| 파르르 | 가랑가랑 |

| 찰칵찰칵 | 자글자글 |

| 쿨쿨 | 냠냠 | 쩝쩝 |

 모양을 나타내는 낱말을 따라 써 보세요.

다닥다닥

뒤뚱뒤뚱

깡충깡충

주렁주렁

아장아장

폴짝폴짝

받침이 없는 낱말을 따라 써 보세요.

가위바위보

코끼리

오리

다리

꼬리

 받침이 있는 낱말을 따라 써 보세요.

장 화

우 산

구 름

기 린

벌

방

수 박

바람

풍선

하늘

공책

책상

연필

 ㄲ, ㄸ, ㅃ, ㅆ, ㅉ이 들어간 낱말을 따라 써 보세요.

| 꽃 밭 | 딱 지 | 뚜 껑 | 땅 콩 |

| 빨 대 | 빨 래 | 쓰 레 기 통 |

| 찌 개 | 찐 빵 |

〈구름 놀이〉에 나오는 문장을 따라 써 보세요.

| 어 | 슬 | 렁 | 어 | 슬 | 렁 | . | | | |

| 아 | , | 호 | 랑 | 이 | 야 | , | | | |

| 너 | 였 | 구 | 나 | . | 토 | 끼 | 를 | | |

| 쫓 | 아 | 가 | 면 | | 안 | | 돼 | . | |

| 나 | 랑 | | 같 | 이 | | 놀 | 자 | . | |

 바르게 쓴 낱말을 고르며 길을 찾아가 보세요.

 꽃, 과일, 나무의 이름을 써 보세요.

해바라기 나팔꽃

망고나무 바나나

야자나무 앵두

 몸과 관련 있는 낱말을 따라 써 보세요.

손 등   손 가 락   어 깨

발 꿈 치   발 바 닥   발 톱

발 등   무 릎   종 아 리

그림을 보고 낱말을 따라 써 보세요.

4 여러 주제의 낱말을 따라 써 보세요

 가족과 관련 있는 낱말을 따라 써 보세요.

할아버지 할머니

어머니 아버지 형

언니 누나 동생

음식과 관련 있는 낱말을 따라 써 보세요.

국 수　　설 렁 탕　　김 치

과 일　　스 파 게 티　　계 란

 학교와 관련 있는 낱말을 따라 써 보세요.

선 생 님   책 상   의 자

칠 판   교 실   운 동 장

미 끄 럼 틀   사 물 함

동네와 관련 있는 낱말을 따라 써 보세요.

빵집　과일가게　공원

도서관　병원　소방서

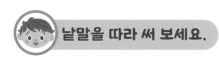 낱말을 따라 써 보세요.

서 점   은 행   꽃 집

가 구 점   식 물 원   버 스

신 호 등   횡 단 보 도

 〈꼭 잡아!〉에 나오는 문장을 따라 써 보세요.

어 ? 　 비 가 　 오 네 !

나 뭇 잎 　 우 산 　 만 들 면

되 지 . 　 꼭 　 잡 아 !

냠 냠 　 쩝 쩝 　 꿀 꺽

내 일 은 　 또 　 뭐 　 할 까 ?

 그림과 하는 일이 같은 낱말을 연결해 보세요.

인사말을 따라 써 보세요.

| 얘 | 들 | 아 | , | 안 | 녕 | ! | | | |

| 초 | 대 | 해 | | 줘 | 서 | | 고 | 마 | 워 | . |

| 어 | 서 | 와 | . | 생 | 일 | | 축 | 하 | 해 | . |

| 잘 | | 먹 | 겠 | 습 | 니 | 다 | . | | |

인사말을 따라 써 보세요.

강아지들도 안녕?

나도 같이 놀자.

오랜만입니다.

반갑습니다.

 낱말을 따라 써 보세요.

생신　생일　선물

아랫집　이웃집　웃어른

친척　이모　고모

〈저녁 인사〉에 나오는 문장을 따라 써 보세요.

전 봇 대 　 가 로 등

강 아 지 　 고 양 이 　 쥐

모 두 　 모 두 　 잘 　 자 요

모 두 　 내 　 꿈 　 꿔 요

〈사슴과 뿔〉에 나오는 문장을 따라 써 보세요.

내		멋	진		뿔	을		봐	.

앗	,	사	냥	꾼	의				

걸	음		소	리	가		들	려	.

도	망	가	자		!				

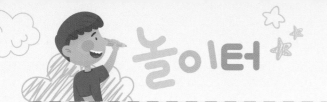 

 상황에 맞는 인사말을 선으로 이어 보세요.

친구가 상을
받았을 때

친구와
헤어질 때

학교에
갈 때

누군가에게
도움을 받았을 때

다음에 만나

축하해

고마워

다녀오겠습니다

 머릿속으로 그림을 그리며 따라 써 보세요.

자 리 에   앉 습 니 다 .

그 네 를   밉 니 다 .

여 름 이   되 었 습 니 다 .

손 을   씻 습 니 다 .

댁 마당 한 그루

예전에는 있었단다

바람이 불던 날

<꽃에서 나온 코끼리>에 나오는 문장을 따라 써 보세요.

톡 떨어진다.

눈을 깜빡깜빡,

귀를 팔랑팔랑,

긴 코를 살랑살랑

,   부르는 말이나 대답하는 말 뒤에 쓴다.   • •   쉼표

!   느낌을 나타내는 문장 끝에 쓴다.   • •   느낌표

?   묻는 문장 끝에 쓴다.   • •   물음표

.   설명하는 문장 끝에 쓴다.   • •   마침표

∨   쉼표(,) 뒤에 사용하는 문장 부호이며, 조금 쉬어 읽는다.   • •   쐐기표

∨∨   느낌표(!), 마침표(.), 물음표(?) 뒤에 사용하는 문장 부호이며, 조금 더 쉬어 읽는다.   • •   겹쐐기표

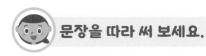 **문장을 따라 써 보세요.**

두 루 미 야 , 오 늘 　 저 녁

식 사 에 　 초 대 할 게 .

정 말 ? 　 고 마 워 !

이 것 을 　 먹 으 라 고 ?

 숫자의 순서대로 선을 그어 귀여운 토끼를 완성시켜 보세요.

 쌍받침이 있는 낱말을 따라 써 보세요.

떡볶이 볶음밥 낚시

손톱깎이 연필깎이

안경닦이 밖

 그림을 보고 낱말을 따라 써 보세요.

반지(를)

끼 다

옷(을)

입 다

신발(을)

신 다

공책(에)

쓰 다

자전거(를)

타 다

공(을)

차 다

 문장을 따라 써 보세요.

아 침　해 가　떴 습 니 다 .

나 는　이 를　닦 습 니 다 .

문 을　두 드 립 니 다 .

사 과 를　깎 습 니 다 .

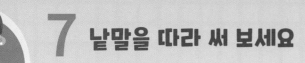
 낱말을 따라 써 보세요.

한 복   곳 감   원 두 막

설 마   얼 른   걸 음   울 음

기 지 개   줄 넘 기   헤 엄

 문장을 따라 써 보세요.

사 과 는 　 바 구 니 　 안 에

옷 걸 이 는 　 　 침 대 　 옆 에

모 자 는 　 옷 걸 이 에

베 개 는 　 침 대 　 위 에

7 문장을 따라 써 보세요

 〈도서관 고양이〉에 나오는 재미있는 표현을 따라 써 보세요.

뒹굴뒹굴 키득키득

들여다보고 있더라.

눈은 휘둥그레,

귀는 쫑긋, 꼬리도

하늘 높이 번쩍

그림책에 푹 빠져서,

매일 밤 신기한

여행을 떠났어.

끝없는 다리를 건너

서 눈보라를 헤치고

〈호랑이와 곶감〉에 나오는 문장을 따라 써 보세요.

| 어 | 흥 | ! | | 배 | 가 | | 고 | 프 | 네 | . |

| 먹 | 을 | | 것 | 을 | | 구 | 하 | 러 |

| 마 | 을 | 로 | | 내 | 려 | 가 | | 볼 | 까 | ? |

| 저 | 기 | | 불 | 이 | | 켜 | 진 | | 집 |

100

머 리 가　아 프 니 ?

엄 마 가　약 을　줄 까 ?

뚝　그 쳐 라 , 뚝 !

설 마　계 속　울 겠 어 ?

   손톱(을) •

• 깎다

   점심(을) •

• 닦다

   물건(을) •

• 샀다

   이빨(을) •

• 먹었다

   끈(을) •

• 묶다

기획 컨텐츠연구소 수(秀)

우리 아이들의 말과 글을 어떻게 하면 더 풍성하게 하여 문해력을 높일까 연구하는 기획
집단. 전·현직 교사, 학부모, 에디터 등 해당 분야의 전문가들이 머리를 맞대고 정보를
나누며 아이들의 어휘력 향상이라는 지향점 아래 지속적인 시도를 하고 있다.

국어 교과서 따라쓰기 1-1

ISBN 979-11-92878-29-4 63700 ∥ 초판 1쇄 펴낸날 2024년 7월 5일 ∥ 초판 2쇄 펴낸날 2024년 12월 5일
펴낸이 정혜옥 ∥ 표지디자인 **twoesdesign.com** ∥ 내지디자인 이지숙 ∥ 마케팅 최문섭 ∥ 편집 연유나, 이은정
펴낸곳 스쿨존에듀 ∥ 출판등록 2021년 3월 4일 제 2021-000013호
주소 04779 서울시 성동구 뚝섬로 1나길 5(헤이그라운드) 7층
전화 02)929-8153 ∥ 팩스 02)929~8164 ∥ E-mail goodinfobooks@naver.com
■ 스쿨존에듀(스쿨존)는 굿인포메이션의 자회사입니다. ■ 잘못된 책은 본사나 구입하신 서점에서 바꾸어 드립니다.

도서출판 스쿨존에듀(스쿨존)는 교사, 학부모님들의 소중한 의견을 기다립니다. 책 출간에 대한
기획이나 원고가 있으신 분은 이메일 goodinfobooks@naver.com 으로 보내주세요.